RAPPORT

FAIT AU DIRECTOIRE

DU

DÉPARTEMENT DE PARIS,

Sur l'édifice dit la Nouvelle Sainte-Geneviève, *& sur les mesures propres à le mettre en état de remplir sa destination nouvelle.*

L'ASSEMBLÉE NATIONALE, par son Décret du 4 avril 1791, *chargé le Directoire du département de Paris de mettre promptement l'édifice de Sainte-Geneviève*, consacré à réunir les cendres des grands hommes, *en état de remplir sa nouvelle destination.*

En exécution du Décret de l'Assemblée Nationale, le Directoire du département de Paris « considérant qu'il est nécessaire » d'avoir sous les yeux un état exact du bâtiment de Sainte- » Geneviève, de ses travaux & des fonds sur lesquels ils sont » payés; que de plus, il doit se procurer les plans indicatifs » des changemens & modifications que cet édifice aura à

» éprouver pour devenir, suivant sa nouvelle destination, le » Panthéon des grands hommes qui auront bien mérité de la » France, a arrêté :

» Que les Commissaires de l'instruction publique prendront » sans délai, relativement au nouvel édifice connu jusqu'à ce » jour sous le nom de *Sainte-Geneviève*, tous les renseignemens, » & se procureront tous les plans nécessaires pour mettre » l'administration en état d'exécuter la Loi du 10 avril ».

En vertu de l'arrêté du Directoire, les Commissaires de l'instruction publique ont cherché à se procurer tous les genres de renseignemens propres à instruire le Directoire sur l'état passé & présent de l'édifice de Sainte-Geneviève, & à le mettre à portée de prononcer & d'arrêter les mesures définitives sur l'état futur du monument qu'il doit terminer.

Leur rapport se divisera donc naturellement en trois parties, qui embrasseront l'exposé & la série de tous les détails relatifs à l'exécution, à l'administration & à la dépense de ce monument célèbre, relativement à ses trois époques.

L'état passé comprendra l'ensemble & le tableau historique du monument, l'ancienne administration du gouvernement, la régie des entrepreneurs, & la dépense générale qui a eu lieu.

L'état présent contiendra l'exposé des changemens survenus sous l'administration municipale, relativement à la direction des travaux, à l'emploi des fonds & à la gestion provisoire qui existe en ce moment.

L'état futur présentera le développement de tous les travaux d'exécution nécessaires à la confection matérielle de l'édifice, de tous les changemens indispensables au caractère que doit exiger sa destination nouvelle, de toutes les additions & suppressions que cette métamorphose nécessitera, de toutes les mesures que

RAPPORT

SUR L'ÉDIFICE

DIT

DE SAINTE-GENEVIÈVE,

Fait au Directoire du Département de Paris,

Par M. QUATREMERE-QUINCY.

A PARIS,
DE L'IMPRIMERIE ROYALE.

M. DCC. XCI.

le bon goût, l'analogie des idées, le respect dû à la mémoire de M. Soufflot peuvent concilier; de toutes les vues morales & politiques que l'intérêt du premier monument national, l'économie des deniers publics, le sentiment des convenances doivent chercher à réaliser pour l'entière & prompte jouissance du public. Cette partie du rapport contiendra de plus le projet des mesures administratives, capables d'assurer au public la plus grande perfection dans l'exécution de tous les travaux qui restent à faire, par la subordination des différens agens. Elle sera terminée par un aperçu des dépenses nécessaires pour terminer le monument & du temps précis auquel il pourra l'être.

PREMIÈRE PARTIE.

De l'état de l'édifice de Sainte-Geneviève, jusqu'à l'époque de l'administration municipale.

Description du monument.

Quand la description de l'édifice de Sainte-Geneviève ne se placeroit pas naturellement en tête d'un rapport qui doit embrasser l'universalité de tout ce qui concerne ce monument, elle devroit, d'après l'ordre que nous nous sommes prescrit, trouver ici sa place. Rendre compte de son état jusqu'à l'époque des changemens survenus dans son administration, c'est en faire la description presque entière.

L'édifice de Sainte-Geneviève est formé de quatre nefs, au centre desquelles s'élève une coupole. La face d'entrée est décorée d'un porche exastile, composé de vingt-deux colonnes, dont dix-huit sont isolées; leur ordre est corinthien, leur diamètre est de 5 pieds 6 pouces; la hauteur de leur fust est de 58 pieds 4 pouces; elles sont couronnées par un entablement dont la corniche est ornée de modillons, & la frise chargée d'un enroulement de sculpture interrompu, au-dessus de l'entrecolonnement du milieu, par une inſcription en lettres de cuivre doré, ſur une table de marbre portant :

D. O. M. SUB. INVOC. S. GENOVEFÆ. LUD. XV.

Le fronton offre un grand bas-relief, composé d'une croix rayonnante, adorée par des anges placés ſur des nuages.

On arrive ſous le porche par un grand perron composé de onze marches. Le pavé de ce porche, qui n'eſt pas encore poſé, doit être en granit, tiré des Vôges de Lorraine ; il eſt commandé depuis 1788. Trois portes donnent entrée dans l'édifice ; celle du milieu, plus haute & plus grande que les collatérales, eſt accompagnée de deux grandes tables avec chambranle & corniche, dans leſquelles devoient être gravés les Commandemens de Dieu & ceux de l'Égliſe. Au-deſſus de chacune des portes & des deux tables dont on vient de parler, ſont ſculptés cinq bas-reliefs. Celui du milieu, plus grand que les autres, repréſente Sainte-Geneviève diſtribuant du pain aux pauvres dans un temps de famine. Dans l'un des deux bas-reliefs qui accompagnent celui-ci, la ſainte eſt repréſentée rendant la vue à ſa mère aveugle, par la vertu de l'eau du puits de Nanterre ; & dans l'autre, on la voit recevant une médaille des mains de Saint Germain, évêque d'Auxerre. Des deux ſujets qui ſont ſculptés au-deſſus des deux portes collatérales, l'un eſt Saint Pierre recevant les clefs de J. C., l'autre eſt Saint Paul prêchant dans l'Aréopage. Ces deux ſujets n'ont été placés là que pour rappeler dans le nouveau temple la mémoire des deux patrons, qui partagent encore aujourd'hui avec Sainte Geneviève la dédicace de l'ancienne égliſe.

La nef d'entrée ſe compoſe de deux parties, dont la première comprend deux arcades de droite & de gauche, au-deſſus deſquelles ſont des tribunes avec des baluſtres en pierre. La voûte de cette partie eſt terminée par une coupole ovale, au centre de laquelle est un *Jehova* en cuivre doré avec des rayons & des nuages. Dans les pendentifs, sont des enfans qui tiennent des instrumens de musique. On sent assez l'analogie de cette décoration avec le lieu où est placée la tribune destinée à recevoir l'orgue.

La seconde partie de la nef d'entrée est environnée de douze colonnes isolées formant péristyle, & de dix colonnes engagées le long des murs; elle sont d'ordre corinthien, ont 3 pieds 6 pouces de diamètre, & 37 pieds 8 pouces de haut. L'entablement qui les couronne, & règne dans tout le pourtour de l'édifice, a toutes ses moulures taillées d'ornemens, est orné de sophites & d'une frise en rinceau. Aux angles de la partie du milieu de la voûte sont quatre tribunes en avant-corps avec des balustrades. Cette partie se termine par quatre grandes voûtes en berceau, au centre desquelles est une voûte sphérique, dont la calotte est ornée de caissons & de rosasses; son centre est occupé par les tables de la loi, gravées en caractères Hébraïques.

Rien n'est moins susceptible de se peindre à l'esprit, par le simple récit, que tous les détails de disposition intérieure d'un édifice, sur-tout quand il sort des combinaisons simples: un coup-d'œil jetté sur le plan & la coupe de cet intérieur, en dira plus que toutes les descriptions. Nous terminerons donc celle-ci, en ajoutant que les trois autres nefs ne diffèrent de la nef d'entrée, qu'en ce que celle du fond ou de l'orient se prolonge par une grande niche ou cul de four, dans laquelle devoit être sculptée une grande gloire avec des rayons, & que les deux nefs ou croisées ne comprennent aucun ralongement, & sont plus courtes de la partie décrite où devoit être l'orgue, & de celle où devoit être la gloire.

Ce qu'il importe le plus au Directoire de connoître, pour arrêter un plan d'idées & un systême d'exécution analogues à la nouvelle destination du monument, c'est le motif général de décoration intérieure ſur lequel la moitié de cet édifice a déjà été terminée.

L'intention de l'architecte dans la conception & le développement de ſa décoration, fut d'élever une eſpèce de monument à la perpétuité de la religion chrétienne. Les quatre voûtes devoient être les annales figurées de cette myſtérieuſe hiſtoire. La religion judaïque, par ſon droit d'aîneſſe, réclamoit la première place; auſſi la voûte de la nef d'entrée, comme l'exorde de la décoration, lui a-t-elle été réſervée. C'eſt de l'ancien teſtament que ſont tirés tous les ſujets de ſes compartimens. Dans les quatre pendentifs qui ſoutiennent la calotte, paroiſſent Moïſe, Aaron, David & Joſué. Les lunettes des tribunes renferment dans des cadres ovales des ſujets tirés de la vie de ces patriarches.

La nef gauche ou ſeptentrionale de l'édifice, eſt terminée comme celle que l'on vient de décrire. Le *labarum* de Conſtantin brille au milieu de ſa voûte conſacrée à l'égliſe Grecque, dont les quatre docteurs, S. Athanaſe, S. Baſile, S. Jean-Chryſoſtôme & S. Grégoire de Nazianze, ſont ſculptés au milieu des pendentifs; les miracles, les converſions, les principaux traits de ces Pères de l'Égliſe font le ſujet des autres compartimens.

Les deux autres voûtes qui reſtent à terminer, devoient être affectées, l'une à l'égliſe Latine, ſous les emblèmes de S. Ambroiſe, S. Jérôme, S. Auguſtin, S. Grégoire; & l'autre, qui eſt celle du fond, devoit avoir pour objet l'égliſe Gallicane. Ses quatre principaux docteurs, S. Irénée, S. Hilaire, S. Céſaire, S. Bernard, les fondations des ordres monaſtiques, dés traits de la vie de Clovis, le premier protecteur de la religion chrétienne en France, devoient être comme la concluſion de ce cours d'hiſtoire religieuſe.

La petite coupole ovale ſous laquelle devoit être placé l'autel du fond, auroit été entourée de vieillards de l'Apocalypſe, & ſon milieu couronné par les ſept ſceaux. Le fond de la niche ou du cul de four, étoit destiné à recevoir une grande gloire rayonnante. (On s'est permis dernièrement de supprimer & d'abattre la pierre où l'on devoit sculpter cette allégorie.)

Rien de précis n'avoit été arrêté par M. Soufflot pour la décoration intérieure de la grande coupole. Celle-ci entièrement terminée, ainsi que le reste de l'église, quant à la construction principale, n'attend plus que la décision du motif de décoration qui doit animer son enceinte. Ce que l'on sait, ou ce que l'on présume du projet de l'architecte, par rapport à l'embellissement de la seconde voûte qui porte la lanterne, c'est que l'apothéose de la sainte devoit en orner le sommet, & que les quatre évangélistes devoient figurer dans les pendentifs.

L'extérieur de la coupole, ainsi que du reste de l'église, est trop connu pour avoir besoin d'une description. L'on n'en parle donc que pour dire que le tout est entièrement terminé, à l'exception des sculptures d'ornement de la colonnade extérieure du dôme auxquelles on travaille, & de la boule, ainsi que de la croix, qui ne sont figurées qu'en bois.

On ne sauroit omettre dans cette description celle de sa partie souterraine, dont le rapport avec la destination nouvelle du monument est si sensiblement remarquable.

Le sol de tout l'édifice dans toute sa superficie, le portail compris, est élevé au-dessus d'un étage voûté. Sous la partie du chevet ou de la nef orientale, est une véritable église souterraine, dont le plan est une croix grecque à quatre croisillons égaux. Sa longueur est de 16 toises, sa largeur de sept. Quarante-huit colonnes sans base & sans entablement divisent & ornent ce souterrain, où l'on descend par deux escaliers à vis circulaire pratiqués de chaque côté de la grande niche qui termine la nef orientale.

Les parties voûtées, sous les trois autres nefs, sont distribuées chacune en trois grands berceaux de 81 pieds de long sur 41 de large. Ces trois allées occupent le milieu de la largeur de chaque nef, le reste de l'espace est occupé par quatre caveaux de 24 pieds de long sur 11 de large. L'espace souterrain du dôme est composé d'un grand corridor voûté & d'un autre concentrique plus étroit, dans lequel devoit être pratiqué l'escalier de communication entre l'église haute & la souterraine.

Administ.^{on} du monument sous le régime du Gouvernement.

Il y a dans la confection d'un édifice deux parties assez distinctes, bien qu'elles se confondent souvent sous le mot & l'idée générale d'exécution. L'une est la partie généralement administrative qui embrasse la direction de tous les détails, l'emploi des fonds, leur répartition, la surveillance de tous les travaux, la corrélation de tous les agens supérieurs, la gradation de leurs pouvoirs, la fixation de leurs emplois, & la nature de leur gestion. L'autre est la partie spécialement exécutive, qui comprend le mode de l'action qui met en jeu tous les mouvemens d'où résulte l'exécution de l'ensemble & de tous les détails d'un édifice; ce mode est ordinairement celui de l'entreprise ou celui de la direction. Le premier offre l'avantage d'une responsabilité plus certaine, & la garantie que l'ouvrage soumis à la subordination habituelle des travaux particuliers, en aura toute la perfection, & recevra tout le soin que l'intérêt public peut exiger. Il fut employé dans toutes les parties d'exécution de Sainte-Geneviève, & il continue de l'être encore dans quelques-unes.

Quant à l'administration générale ou au régime administratif de cet édifice, voici quels en étoient l'ordre & la progression.

Le directeur des bâtimens du Roi étoit le chef de l'administration; il travailloit immédiatement avec le Roi, & ne rendoit compte de sa gestion qu'à lui.

Venoit ensuite l'architecte; il avoit sous lui trois inspecteurs, un vérificateur & un dessinateur. Lorsque l'on rapporte au passé cet ordre de choses & de personnes, c'est plutôt pour suivre la marche qu'on s'est prescrite, que pour faire préjuger l'avenir;

car

car toutes les perſonnes attachées à ces emplois exiſtent, & l'activité de leurs fonctions n'a été ſuſpendue que par la ceſſation des fonds & par l'adminiſtration précaire de la Municipalité.

Il faut connoître les noms, les emplois & les ſalaires de tous ces divers agens. Après la mort de M. Soufflot, M. Brebion fut choiſi en 1780 pour lui ſuccéder ; mais la crainte des changemens qui auroient pu ſucceſſivement dénaturer le monument, imposa au ſucceſſeur l'obligation d'être fidèle aux plans de ſon prédéceſſeur, & de n'apporter dans ſa place qu'une entière abnégation d'amour-propre & d'intérêt perſonnel. Il fut réſolu qu'aucune partie d'ouvrage ne ſeroit entrepriſe ſans avoir été communiquée au directeur général des bâtimens du Roi. En conſéquence M. Brebion étoit obligé de préſenter, au commencement de chaque année, un état des ouvrages à faire & de ce qu'ils devoient coûter. C'eſt d'après cet état approuvé du directeur, qu'on commençoit les travaux : le traitement de M. Brebion étoit de 8000 liv.

Des trois inſpecteurs, les deux premiers, MM. Puiſieux & Beauvilain, étoient chargés des attachemens ; ſavoir, M. Puiſieux, de ceux de charpente, de menuiſerie, ſerrurerie, plomberie ; & M. Beauvilain, de ceux de maçonnerie dont le travail eſt conſidérable, par les plans & détails qu'ils exigent. Ces deux inſpecteurs ſont attachés au bâtiment depuis ſon origine, c'eſt-à-dire, depuis trente-trois ans : le traitement de chacun eſt de 3500 livres.

L'un d'eux, M. Beauvilain, ayant été, par une attaque de paralyſie, réduit depuis 1786 à un état d'infirmité qui le met hors d'état de remplir ſa place ; & le ſecond, M. Puiſieux, âgé de ſoixante-quinze ans, ne pouvant plus monter ſur les échafauds, la totalité des fonctions de l'un, & une partie de celles de l'autre, ont accru les travaux ſans augmenter les ſalaires du troiſième inſpecteur.

Celui-ci, M. Rondelet, est depuis 1770 chargé de tous les détails de la construction & de l'exécution des devis & mémoires relatifs aux travaux des détails à donner aux entrepreneurs, de faire tracer les épures, les repaires & vérifications qui doivent précéder les ragrémens, des attachemens de maçonnerie, depuis 1786, d'une partie de ceux de charpente & de maçonnerie, enfin de ceux de plomberie en 1780. Ses appointemens sont de 3000 liv.

M. Soufflot, cousin de l'architecte de Sainte-Geneviève, est entré dans le bâtiment en 1780, après la mort de son parent, sous le titre d'inspecteur-dessinateur. Son emploi étoit de faire sous M. Brebion les dessins de toutes les parties qui n'étoient pas relatives à la construction (celles-ci étoient du ressort de M. Rondelet), de surveiller les travaux de l'ornement. Ses appointemens sont de 2400 liv.

La place de vérificateur, occupée par M. Delagrange, a pour objet de vérifier sur le lieu & d'après les attachemens des inspecteurs, les mémoires des entrepreneurs, & de faire tous les calculs pour parvenir au règlement des mémoires. Ses appointemens sont de 2600 liv.

Récapitulation des frais de régie.

À M. Brebion	8000ᵗᵗ
À M. Puisieux	3500.
À M. Beauvilain	3500.
À M. Rondelet	3000.
À M. Delagrange	2600.
À M. Soufflot	2400.
TOTAL	23000.

La partie exécutive du monument étoit confiée, sous l'inspection dont on vient de détailler l'ordre & le régime, à différens entrepreneurs.

La totalité de cette entreprise, qui peut se diviser en deux parties très-distinctes, l'une de construction, l'autre de décoration, exige néanmoins, soit pour la clarté de l'analyse, soit pour la précision du rapport, une nouvelle subdivision en quatre parties.

La première & la plus essentielle est celle de la construction proprement dite, ou de la maçonnerie; elle est confiée à M. Poncet.

La seconde partie qui embrasse tous les autres genres de travaux & de matériaux qui doivent entrer dans la confection de cet édifice, compte,

Pour les ouvrages de charpente.	Le sieur Bouillete.
Pour la serrurerie & gros fer..	Les sieurs Gerard & Motard.
Pour la menuiserie.........	Le sieur Susse.
Pour la plomberie.........	Les sieurs Farci, Lucas & Gondoin.
Pour la peinture d'impression..	Le sieur Petit.
Pour la vitrerie..........	Le sieur Huin.
Pour les ouvrages de fonte & dorure...............	Le sieur Thibouſt.
Pour les ouvrages de treillage.	Le sieur Lanciau.

L'entreprise de la décoration se divisoit aussi en deux portions, les figures & l'ornement proprement dit.

Dans l'origine M. Coustou devoit être chargé de la partie figuriste, & M. Desar père le fut de la partie ornémanique.

Les infirmités de M. Coustou le firent remplacer de son vivant par ses élèves, MM. Julien, Beauvais & Dupré.

La mort de M. Desar fit appeler par le directeur des bâtimens M. Desar son fils à succéder à cette entreprise.

Celle-ci fut bientôt divisée entre lui & M. Julien & compagnie, qui se partagèrent la confection des ornemens, & s'associèrent M. Soyer. M. Dejoux fut associé aussi à M. Julien après la mort de M. Beauvais, pour l'exécution des figures. MM. Houdon & Boizot ont fait chacun un bas-relief du péristyle.

Tels sont les noms & les emplois de toutes les personnes qui ont coopéré en chef jusqu'à ce jour, à l'érection & exécution de Sainte-Geneviève.

Voici maintenant l'ordre établi dans la comptabilité.

L'architecte, les inspecteurs, le vérificateur & le dessinateur étoient payés sur un état signé du directeur général des bâtimens du Roi.

Quant aux entrepreneurs, ils remettoient leurs mémoires certifiés par les inspecteurs, à l'architecte, qui les renvoyoit au vérificateur. Celui-ci, après les opérations & calculs nécessaires pour préparer le règlement, les faisoit repasser à l'architecte pour les arrêter. Les mémoires arrêtés étoient renvoyés au directeur général.

État des fonds assignés à S.te Geneviève.

Une des choses les plus importantes à mettre sous les yeux du Directoire, c'est l'état des fonds assignés à la construction de Sainte-Geneviève, ainsi que celui des dépenses qui ont eu lieu jusqu'à ce jour.

Pour connoître l'état des fonds, il est nécessaire de donner un abrégé historique de cette partie administrative du monument depuis son origine.

L'exécution de cet édifice ordonnée par arrêt du Conseil du 9 décembre 1754, fut commencée sur les produits éventuels d'une portion accordée à l'abbaye de Sainte-Geneviève dans le bénéfice de ce qu'on appeloit les *petites loteries*.

L'entreprise de Sainte-Geneviève fut d'abord & pendant une assez longue suite d'années, quant à l'administration des fonds, le fait personnel de l'abbaye : elle avoit pour séquestre le trésorier commun de toutes les loteries.

Le gouvernement ayant jugé à propos de substituer à toutes les anciennes loteries, l'administration qui subsiste aujourd'hui ous le titre de *Loterie royale de France*, Sainte-Geneviève obtint une évaluation de 365,000 liv. Il fut arrêté que l'administration générale des loteries fourniroit cette même somme chaque année, en la versant de mois en mois dans la caisse qu'on appeloit alors trésorerie des dépenses communes, & que l'emploi de cette somme se feroit sur les mandats ou ordonnances qu'expédieroit le magistrat de police, d'après les propositions qu'arrêteroit le directeur des bâtimens du Roi.

Cette somme annuelle, si elle eût pu être employée en entier, eût porté une grande activité dans les travaux ; mais il faut savoir que,

1.° Elle étoit grevée de la prestation de 50000 liv. de rente, ou intérêt de capitaux d'acquisitions foncières qui avoient été faites par le Roi, tant pour acquérir la liberté du terrain où se plantoit le monument, que pour faciliter une autre opération très-étrangère à celle-ci : on parle de la construction du marché de la culture Sainte-Catherine, & de l'échange fait avec les créanciers des Jésuites, à la direction desquels, par un arrangement bien bizarre, on assigna une somme de 400,000 liv. sur les fonds de Sainte-Geneviève.

2.° Il restoit en arrière une somme de 8 à 900,000 liv. due aux entrepreneurs des travaux exécutés jusque-là, & de la part desquels il étoit évident qu'on ne pouvoit désormais ni en exiger ni en espérer.

3.° La dotation de Sainte-Geneviève fut encore obligée à une prétendue restitution de 600,000 liv. envers l'hôpital des Enfans-trouvés. Ce remboursement se fit par une retenue annuelle, qui pendant près de quatre années, réduisit la somme disponible à celle de 240,000 liv., bien insuffisante pour subvenir à la continuation des travaux vis-à-vis d'entrepreneurs qui ne pouvoient plus faire d'avances.

Dans cet état de choses, les travaux essuyèrent une longue

ſtagnation. Elle ſe prolongea juſque vers l'an 1784, époque à laquelle le Gouvernement ſentit combien une telle lenteur pourroit compromettre & l'honneur de la nation, & le ſort du monument.

A cette époque, en payant l'intérêt des ſommes dues, & les frais de régie, il ne ſeroit reſté que 193,500 liv. pour les frais de conſtruction. On évalua à 6,543,000 liv. la ſomme néceſſaire pour terminer l'édifice. En diviſant 6,543,000 liv. par 193,500 liv., on trouva que pour finir l'édifice avec cette dernière ſomme, il falloit trente-quatre années, & dix ans & demi pour le rembourſement des capitaux dont on payoit la rente, ainſi que des ſommes dues aux entrepreneurs; d'où il réſultoit que la ſomme affectée ſur les loteries, devoit continuer de l'être pendant quarante-quatre ans & demi.

M. l'abbé le Febvre, alors procureur général de l'abbaye de Sainte-Geneviève, & dont le zèle pour l'achèvement de cet édifice a égalé les reſſources, imagina un projet d'emprunt, au moyen duquel dix années devoient ſuffire à l'entière confection du monument. Des lettres patentes, regiſtrées au parlement le 6 juin 1784, réaliſèrent ce projet, qui conſiſtoit à emprunter une ſomme de quatre millions gradués par dixième ſur une révolution de dix années, & dont les contrats ſeroient paſſés par les magiſtrats de police, ſous les conditions ordinaires des emprunts de ce genre. Cet emprunt fourniſſant une ſomme annuelle de 400,000 liv., jointe à celle de 365,000 liv. des loteries, donnoit un total de 765 mille livres pour chaque année.

Voici comment devoient s'employer ces fonds :

1.° Pour les intérêts aſſignés	60,877 ₶
2.° Intérêt de l'emprunt	20,000.
3.° Frais de régie	25,000.
4.° A compte ſur la dette des entrepreneurs	100,000.

Sommes à déduire ſur les 765,000 ₶. 205,877 ₶. Reſte 559,123 ₶.

Cette somme a été payée en 1785.

En 1786, à cause des intérêts de l'emprunt, il a été payé. 539,123.

En 1787. . . . . 519,123.

En 1788. . . . . 499,123.

En 1789, l'emprunt n'ayant pas été rempli, la somme a été de. . . . . 379,123.

En 1790, l'emprunt ayant cessé tout à fait, on a été réduit aux 365 mille livres affectées sur les loteries qui se sont trouvées grevées de 95 mille livres de rente des emprunts des années précédentes; ce qui, avec les frais de régie & les anciens intérêts, réduit la somme disponible à celle de. . . . . 185,123.

État des dépenses faites jusqu'en 1791.

Quant à l'état des dépenses faites jusqu'à l'année 1791, il seroit difficile d'en faire la récapitulation autrement que par les recettes qui seules sont constantes; ce que l'on voit de plus sûr, c'est que,

1.° 365,000 livres pendant 27 ans, ci.	9,855,000ᵗᵗ.
2.° 765,000 livres pendant 4 ans, ci.	3,060,000.
3.° 365,000 livres en 1790, ci.	365,000.
forment jusqu'à la fin de 1790, un total de.	13,280,000.

La dette du monument est de deux sortes: l'une qu'on peut appeler dette foncière, & l'autre dette mobiliaire; c'est celle des entrepreneurs.

La première comprend,

1.° Les capitaux d'acquisition qui, suivant les renseignemens qu'on a cherché à se procurer, sans être parvenu à connoître les titres, roulent de 16 à 1,700,000 livres.

2. Un capital d'environ 2,000,000, constitué sous l'autorité des lettres-patentes de 1784. On sait que les rentes s'acquittent par les payeurs de la ville.

La seconde classe, celle de la dette mobiliaire, & qui ne se déterminera que par des règlemens qui n'ont point encore été faits, peut être spéculée à 1,500,000 liv.

Ainsi la somme totale de ce qu'a coûté le monument, en comprenant les intérêts pour acquisitions de terrain pendant trente-un ans, les intérêts de l'emprunt pendant six ans & demi, les frais de régie pendant trente-trois ans, la somme due aux entrepreneurs, peut s'évaluer de 15 à 16 millions.

Réflexions sur l'ancien état des choses.

Le tableau qu'on vient de présenter, fait naître trois sortes de réflexions, & qui se portent sur trois abus principaux que le régime de cet édifice a soufferts.

Le premier abus tenoit à l'état arbitraire & mobile de l'ancien ordre des choses, dans toutes les parties du gouvernement: d'où il est résulté que plusieurs distractions ont été faites de la somme affectée à Sainte-Geneviève pour d'autres établissemens, en sorte que la construction s'est trouvée suspendue pendant plusieurs années.

Cet abus accroissoit bien sensiblement le second, qui consiste à avoir négligé dès l'origine le remboursement des capitaux d'acquisition de terrain, d'où il résulte que le monument a payé en intérêt beaucoup au-delà de la somme des capitaux.

Le troisième abus, produit par les deux premiers, étoit celui du gouvernement dans toutes ses opérations, & qui consiste dans un emploi immodéré du crédit. Les entrepreneurs obligés de faire perpétuellement des avances, en font payer les intérêts sur le prix de leurs ouvrages. Devenus nécessaires à l'administration qui croit leur avoir des obligations, ils lui font bientôt la loi de les traiter plutôt comme des bienfaiteurs que comme des fournisseurs. Aucun ordre ne peut s'établir dans les payemens; le mieux payé est celui qui fait le mieux faire valoir ses services, ou employer la menace de les cesser; les mémoires ne se règlent point, les à-compte se délivrent à l'aveugle, les travaux ne souffront de surveillance que pour la forme, & l'on sent bien que la sévérité

de

de l'inspection ne sauroit s'exercer envers des hommes qui mettent toujours en avant & leurs services & leur argent.

Tel est en abrégé le vice de la régie de l'édifice de Sainte-Geneviève sous l'administration du gouvernement. Il faut passer à la seconde époque.

SECONDE PARTIE.

De l'état actuel de l'édifice de Sainte-Geneviève sous l'administration municipale.

On a suffisamment indiqué la nature & la quotité des fonds assignés par le gouvernement à la construction de cet édifice, la forme de son administration & l'état du monument jusqu'à l'année 1790.

Il faut dire maintenant quelles sont les causes qui ont provoqué & amené l'état actuel de choses, & l'administration municipale.

L'emprunt de 4 millions, qui devoit ajouter une somme de 400,000 l. par an à celle de 365,000 l. a été, comme on l'a vu, toujours en baissant par chaque année, jusqu'à ce qu'en l'année 1790 il ait cessé tout à fait ; le bâtiment réduit alors à ses 365,000 liv. grévées de 95,000 liv. de rentes à payer pour les emprunts des années précédentes, & des 60,000 liv. pour les intérêts des vendeurs de maisons & terrains acquis pour l'emplacement de l'église, se trouva n'avoir à sa disposition qu'une somme de 210,000 liv.

L'on jugea à propos de l'employer à parfaire la construction essentielle, & à payer les dépenses urgentes des entrepreneurs de construction.

Ceux d'ornement & de décoration furent laissés en arrière. Ils firent des efforts pour maintenir l'activité dans leurs ouvrages, mais leurs ressources s'épuisèrent; celles des emprunts devinrent ruineuses & bientôt impossibles: ils se virent obligés d'arrêter leurs travaux.

Cette suspension, jointe à la stagnation de tous les travaux publics & particuliers dans ce genre, réduisit au désespoir tous les compagnons sculpteurs d'ornement, qu'alimentoit depuis long-temps l'atelier de Sainte-Geneviève. Leur mécontentement les réunit; leurs plaintes accueillies & soutenues par un des inspecteurs du bâtiment, furent portées à la Municipalité. Celle-ci reçut avec empressement & bientôt mit à exécution le plan d'évincer les entrepreneurs de l'ornement, & de faire finir, sans leur entremise, tout ce qui restoit d'ornement à terminer. Le devis ou l'aperçu de cette dépense fut fait, & porte à 119,000 liv. la somme nécessaire pour assurer l'entier achèvement des ornemens.

Pour accélérer sa marche, la Municipalité jugea à propos d'affecter cette dépense sur les fonds des ateliers publics, & c'est sur des autorisations données au caissier des ateliers publics, par un des officiers municipaux, que s'est payée, depuis le 12 mars jusqu'à ce jour, une somme d'environ 80,000 liv. La dépense par mois est d'environ 30,000 liv.

Rien par conséquent n'étoit plus précaire que cet état de choses quant à la levée des fonds; il étoit douteux d'ailleurs qu'on eut laissé prendre dans cette caisse au-delà de la somme de 210,000 l. que le bâtiment de Sainte-Geneviève a à sa disposition; cette somme, comme on le verra, seroit insuffisante pour subvenir aux frais des entrepreneurs de construction & aux dépenses de décoration. Si le bâtiment en étoit réduit à ce peu de fonds, même en le dégageant des sommes qu'il doit aux entrepreneurs qu'on emploie, ainsi qu'à ceux qu'on n'emploie plus, on ne pourroit espérer l'achèvement du monument que dans le cours d'une dixaine d'années.

Quant à la partie administrative & à la régie générale du

faudra, sans doute, savoir beaucoup de gré à ceux qui travaillent en ce moment d'avoir fait bien avec la facilité de mal faire.

Mais, comme vous le sentez, Messieurs, l'administration ne doit pas compter sur des miracles de zèle & de bonne volonté; elle doit toujours supposer le contraire de ces effets, car il ne lui suffit pas de faire le bien; il faut encore qu'elle paroisse le faire.

La comptabilité de cette gestion précaire tient aux mêmes élémens d'anarchie; & comme rien n'est plus voisin du despotisme que l'absence d'autorité, il résulte de l'état des choses actuelles un retour bien marqué vers l'arbitraire. Un seul ordonne les dépenses, les constate & les fait payer; le même arrête le rôle des ouvriers & constate le nombre des journées. La confusion entre les dépenses arriérées & les nouvelles, faute de réglement de mémoires, est prête à s'établir, parce que la Municipalité est obligée d'avoir recours aux ressources des entrepreneurs. Il est urgent qu'un ordre définitif s'établisse dans toutes les parties de cette machine. Les agens provisoires, toujours incertains sur la nature de leurs pouvoirs, sur la destination future du monument, se hâtent de faire terminer des ouvrages qu'un nouvel ordre d'idées pourra rendre inutiles; on néglige ceux qu'il seroit le plus important de terminer. On se permet des suppressions qui préparent des regrets, ou des changemens qui en nécessiteront d'autres.

Les entrepreneurs de l'ornement réclament dans la continuation de leur entreprise le gage de leurs avances; ils insistent sur l'injustice d'employer les fonds courans de l'édifice à de nouveaux travaux, tandis qu'on n'acquitte point la dette ancienne. Les sculpteurs de figure ignorent s'ils doivent donner suite à leurs compositions; & comme aucune autorité n'a pu suspendre leur activité, ils pourroient, s'ils vouloient continuer leurs modèles, compromettre l'intérêt public, en accroissant journellement la somme d'une dépense qu'un nouvel ordre de choses doit rendre bientôt inutile.

Nous vous proposerons, à la fin de la troisième partie de ce rapport, les mesures à prendre pour rétablir l'ordre, la discipline & la bonne intelligence entre toutes ces parties, au moyen d'une administration active & surveillante. L'ordre des objets nous presse d'en venir à la partie du rapport qui embrasse l'état futur du monument.

TROISIÈME PARTIE.

De l'état futur de l'édifice dit *de Sainte-Geneviève.*

CHAPITRE PREMIER.

Le Décret de l'Assemblée Nationale qui consacre cet édifice à recueillir les cendres des grands hommes, indique assez les mesures préalables que le Directoire doit prendre pour accomplir cette intention.

Destination exclusive du monument.

La première de toutes, doit être de prononcer la destination du monument, d'une manière qui ne laisse plus d'équivoque dans son emploi.

Quelle que puisse être l'autorité de l'habitude & de l'exemple, par rapport au mélange que présentent certains monumens fameux, d'usages purement politiques & de pratiques religieuses; quelle qu'ait été jusqu'à ce jour la tolérance de la raison & de la religion dans cette combinaison vraiment rebutante qu'offre l'aspect d'édifices consacrés tout-à-la-fois à l'éternité & à la mort, il est sûr qu'une telle agrégation de pratiques & d'idées disparates, n'est que le résultat de l'incohérence de tous les élémens dont se sont formées les institutions modernes. Il est douteux qu'elle reçoive une nouvelle autorité d'un peuple assez heureux pour rentrer, par la force de la raison, dans la ſimplicité des habitudes primitives de la nature.

La monſtrueuſe alliance des temples & des ſépultures, où toutes les affections ſe confondent pour s'entredétruire, qui altère la noble ſimplicité de l'architecture, & entrave toutes les reſſources de la ſculpture, par les convenances inutiles du monument avec le local qu'il défigure; les ſoins plus importans encore de la ſaine police & de la ſalubrité des villes; la néceſſité de conſerver les cénotaphes & autres ouvrages de l'art, que la ſuppreſſion d'un grand nombre d'édifices religieux feroit rentrer dans le néant ou dans l'oubli; bien d'autres conſidérations feront ſans doute ſentir à l'adminiſtration la néceſſité & l'intérêt de lieux publics de ſépultures, appropriés à nos uſages & à nos affections.

Le directoire du Département compromettroit donc & l'opinion qu'on a de ſa ſageſſe, & l'eſpérance de toutes les améliorations que Paris doit attendre de ſa détermination ſur l'édifice confié à ſes ſoins, s'il donnoit encore dans ce moment le dangereux exemple de cet alliage indiſcret d'uſages contradictoires; & ſi, au lieu que juſqu'ici l'on a fait de nos temples des lieux de ſépultures, par un contre-ſens plus impardonnable, il vouloit, d'un lieu deſtiné à la ſépulture, continuer d'en faire un temple.

Si l'unité, principe de toute beauté, s'oppoſe à ce parti, d'autres conſidérations le repouſſent encore. La patrie eſt une divinité nouvelle pour un peuple libre; mais ſon culte ne connoît pas de ſectes. Bornée à l'exercice de toutes les vertus dont le point d'appui eſt ſur la terre, cette religion ne rivaliſe point avec celle dont les oracles & les récompenſes deſcendent du ciel, elle ne juge point ſes décrets, elle ne partage point ſes temples; mais elle veut un autel, autour duquel ſes adorateurs s'enchaînent du lien d'une fraternité qui ne connoiſſe ni droit d'aîneſſe, ni prédilection, ni ſignes diſtinctifs.

C'eſt ſur-tout dans les hommages que la patrie rend aux grands hommes, c'est dans ce retour de bienfaits qu'elle aime à ne voir que les enfans d'une mère commune. Ses embrassemens les appellent tous autour d'elle; elle s'affligeroit de tout ce qui sépareroit dans l'expression de sa reconnoissance, ceux qu'elle a si intimement unis par l'obligation uniforme de l'amour.

Cette cruelle séparation auroit lieu cependant, si le culte de la patrie, associé sous les mêmes voûtes à celui de la Divinité, trouvoit dans quelques dogmes, ou même dans des pratiques religieuses, des titres ou des motifs de proscription contre quelqu'un de ses prosélytes. Qui sait même jusqu'à quel point une alliance de ce genre, pourroit réveiller toute l'activité des préjugés qu'une imprévoyante philosophie se seroit trop hâtée de croire anéantis?

Le contraste, & il faut le dire même, le ridicule de la nouvelle destination de notre édifice, avec celle qui donna lieu à son érection, deviendroit encore plus marqué, s'il étoit possible qu'on voulût réunir dans la même enceinte, les hommages d'une dévotion plus ou moins éclairée, pour pieux objet d'une sainte crédulité, avec les honneurs profanes, & les cérémonies civiques, que la philosophique superstition du génie décernera aux reliques ou à la mémoire des grands hommes.

Le Décret de l'Assemblée Nationale, & toutes les conséquences de ce Décret, imposent donc au directoire l'obligation d'affecter uniquement & exclusivement aux grands-hommes, ainsi qu'à la patrie, l'édifice destiné à son culte.

Inscription du monument.

La seconde mesure propre à arrêter plus précisément encore & à fixer cette destination, est de donner au monument une dénomination qui exclue tout mélange d'idées étrangères. Notre langue s'y refusera peut-être : peut-être serons-nous obligés d'emprunter encore du vocabulaire de ces peuples qui nous ont transmis toutes les idées de la gloire. Si les mots simples de *Portique* ou *Monument des grands-hommes* ne semblent pas au niveau de l'idée, on pourra employer ceux de *Basilique nationale*, *Panthéon*, *Cenotaphe*

Cénotaphe ou *Mausolée des grands hommes*, &c. Mais quelque soit le nom dont on fasse choix, il faudra l'inscrire au-dessus de la porte d'entrée, pour que, revêtu de la sanction de l'usage, il efface promptement l'habitude de l'ancienne dénomination.

Changement de décoration.

La troisième mesure, & la plus importante, est d'arrêter un cours suivi de décoration analogue à l'objet de ce monument dédié aux grands hommes. Avant d'indiquer les procédés économiques & les moyens matériels d'opérer, à peu de frais, cette transformation, nous croyons à propos de ne point interrompre la description de ce que nous avons projeté de substituer à l'ancien plan de décoration. Cette description n'éprouvera d'autre division que celle qu'indiquent l'intérieur & l'extérieur de l'édifice.

Extérieur de l'édifice.

Il nous a paru que le programme de toute la décoration étoit contenu dans l'inscription décrétée par l'Assemblée Nationale : *Aux grands hommes la patrie reconnoissante.* Tel est le texte dont l'éloquence de la sculpture doit donner le développement.

Cette belle inscription, selon les règles de l'art & les convenances du goût, ne peut trouver d'autre place que dans la frise, cette partie située entre l'architrave & la corniche. De grandes lettres de bronze prendront la place de cet enroulement que l'œil ne regrettera pas, & s'incrusteront sur le nu de la pierre.

Le fronton dégagé de l'insipide ramas de nuages, d'anges & de rayons qui n'offusquent que la raison, recevroit l'image de Patrie sous la forme d'une femme vêtue d'une longue robe & accompagnée des symboles qui caractérisent la France. Debout, & au milieu du fronton, les deux bras étendus, elle tiendroit de chaque main une couronne. A sa gauche le Génie, sous la forme d'un jeune homme ailé, saisiroit la couronne, tandis que de l'autre côté, la Vertu, sous l'emblème plus modeste d'une jeune fille, sembleroit l'attendre : les attributs des vices & des passions terrassés, occuperoient la partie rampante du fronton.

Les cinq bas-reliefs sculptés sous le péristile, & qui représentent des sujets saints & des traits de la vie de sainte Géneviève, seront remplacés par d'autres, dont le motif se tireroit du même ordre d'idées.

L'on a dit qu'il y avoit aussi sous ce péristile deux grandes tables de la même hauteur que les deux portes collatérales; celles-ci dorénavant inutiles, se fermeroient & donneroient un nouvel espace pour deux autres tables propres à contenir des inscriptions. Ces quatre tables recevroient d'une part, les droits de l'homme; de l'autre, les devoirs du citoyen, c'est-à-dire, la constitution. Les bas-reliefs placés au-dessus de ces inscriptions, en répéteroient les maximes dans leur langage figuré. On verroit d'une part ce que la patrie fait pour l'homme, & de l'autre, ce que l'homme doit à la patrie.

Un bas-relief, par exemple, pourroit représenter la patrie formant, par l'éducation, les vertus & les talens. Un autre exprimeroit la législation ou l'action salutaire de la patrie, qui, au moyen des loix qui l'environnent, assure la liberté & défend la propriété des citoyens. Des deux autres bas-reliefs, l'un exprimeroit la soumission aux loix, & l'autre, les vertus & les talens qui sacrifient sur l'autel de la patrie. Le bas-relief du milieu contiendroit l'allégorie représentative de la déclaration des droits de l'homme. La Nature, par exemple, appuyée sur l'Égalité & la Liberté, tiendroit un niveau; le bonheur des campagnes, la richesse des villes, la tranquillité de l'empire, s'y exprimeroient par les emblêmes si connus de la langue allégorique de la sculpture.

Tout le reste du monument extérieur ne comporteroit que de très-légers ragrémens, qui ne méritent pas d'être décrits. Rien à changer dans la coupole que quelques ornemens sous la galerie formée par la colonnade circulaire du dôme. Les tours bonnes à détruire, la sacristie inutile à commencer, n'entreront ici que comme élémens des économies qui seront l'effet de la nouvelle destination.

Il est un objet extérieur cependant qui demande à se raccorder avec l'ensemble d'un nouveau parti de décoration, c'est la lanterne qui sert d'amortissement à la coupole. Vous penserez, sans doute, Messieurs, que le signe caractéristique du christianisme & de ses temples ne doit plus surmonter l'édifice civique que vous consacrez à la patrie, & vous devez chercher à détruire toute espèce d'équivoque qui pourroit blesser notre religion.

Cette suppression ne vous porteroit-elle pas à écouter les plaintes des gens de goût contre l'usage puéril de ces petits belvéders que la stérilité de la mode a si inconsidérément multipliés sur toutes les coupoles? Pourquoi faut-il que le couronnement d'un grand édifice n'offre à l'esprit que le vide absolu de la pensée?

En proposant de réparer, par un changement fort simple, les torts de l'usage auquel l'architecte crut devoir sacrifier, on auroit cependant l'avantage de ne point le contredire. Sa première intention, comme on le voit par ses premiers plans, avoit été de placer, au haut de sa coupole, l'effigie de la sainte qui devoit donner le nom à l'édifice : pourquoi refuseroit-on aujourd'hui d'accomplir le premier vœu de son génie?

Rien ne termineroit, d'une manière plus heureuse, la coupole, qu'une statue colossale qui, moins haute que n'est la lanterne actuelle, redonneroit à la masse du dôme le caractère que cet alongement prodigieux d'un édifice qui l'écrase lui fait perdre.

Le directoire jugeroit donc de l'emblème qu'il conviendroit d'imposer au sommet de ce monument national; il choisiroit entre l'effigie de la Liberté, qui ne peut être déplacée nulle part, ou la statue de la Renommée, qui seroit peut-être plus spécialement appropriée à ce temple de la gloire.

Tout ce qui pourra donner de la gravité à ce monument, entrera dans les mesures propres à en caractériser l'emploi. On croit donc que sous tous les rapports l'édifice ne pourroit que gagner, en perdant ces fastidieuses guirlandes dont la redite inutile fatigue, par sa nullité, l'œil qui parcourt les contours extérieurs du monument.

Une autre suppression qui ajoutera au caractère de l'architecture en elle-même & de l'édifice considéré sous son nouveau rapport, sera celle des croisées dont les murs sont percés. De grands lisses plaisent à l'œil, & l'intérieur gagnera beaucoup par la suppression des jours du bas qui contrastent avec ceux des grands cintres de la voûte. Par ce moyen l'intérieur recevant moins de jour prendra un caractère plus sérieux, le jour tiré du haut répandra sur les monumens & sur l'architecture même une lumière plus favorable, plus convenable au silence religieux du local. L'expérience de cette suppression déjà faite pour le service de Mirabeau, nous autorise à la proposer définitivement. Elle entrera aussi dans les calculs de l'économie.

Puisque nous sommes entrés dans l'intérieur de l'édifice, poursuivons-en la description future.

Intérieur de l'édifice.

On a vu que cet intérieur se composoit de quatre nefs & & d'une coupole qui leur sert de centre. On a indiqué le pieux motif de décoration allusive à la religion chrétienne dont deux de ces voûtes, déjà terminées, laissent voir le développement. Flattés de l'espoir de consacrer, par les hiéroglyphes de l'art, le systême philosophique de la tolérance universelle, déjà quelques artistes avoient conçu le projet de graver sur le reste de l'édifice les symboles des autres cultes, & sur-tout de l'antiquité dont la religion est devenue celle des arts & des artistes.

Vous jugerez, Messieurs, ce que de tels rapprochemens pourroient offrir de choquant pour la raison, de ridicule aux yeux de l'opinion, de dangereux par rapport au préjugé, & d'incompatible avec le culte moral que vous devez instituer dans cet édifice civique.

Nous vous proposons d'adopter de préférence, dans la décoration de votre panthéon philosophique, les attributs & les emblèmes de cette religion vraiment universelle, à laquelle tous les peuples doivent se rallier. Cette religion est la morale. Ses allégories offriront au ciseau de l'art, des sujets aussi favorables; mais leur grand avantage sera d'être à la portée de tous les yeux, de tous les esprits, de tous les peuples, & sur-tout de s'assortir naturellement au caractère & à la destination du local.

Les quatre voûtes de notre édifice formeroient donc, dans les divers compartimens qui les divisent, un cours suivi des vertus essentielles de l'homme & du citoyen. Rien n'empêcheroit sans doute de représenter quelques-unes de ces vertus, par quelques-uns de ces traits de l'histoire qui en sont devenus comme les apologues inséparables.

Les vertus morales & politiques, les dons du génie relatifs aux sciences qui servent la société & aux arts qui l'embellissent, voilà la répartition naturelle des symboles qui doivent animer nos quatre voûtes.

Nous ne vous présenterons, pour le moment, que l'ensemble d'une conception générale; si vous l'agréez, ce sera au crayon de vous rendre sensible, par une exécution préalable, tout ce qu'un simple récit ne peut exprimer qu'imparfaitement.

Quant à la décoration de la coupole intérieure, vous avez déjà pressenti ce que le pinceau est impatient d'y exprimer. Votre édifice est un catéchisme figuré des devoirs de l'homme en société: votre coupole doit être comme la péroraison de tout ce discours allégorique. L'apothéose du génie & de la vertu doit couronner le sommet de la voûte. Nous ne préviendrons point ici par une description précoce, les efforts de la peinture dans ce vaste sujet, & nous laisserons à celui que le talent &

la célébrité désigneront pour l'exécuter, toute la liberté qu'exige le génie.

Nature & disposition des monumens à élever aux grands hommes.

L'édifice terminé convenablement à la dignité de son emploi, il faut s'occuper d'une quatrième mesure, celle qui concerne la nature & la disposition des monumens que la reconnoissance de la patrie consacrera aux grands hommes.

L'un de ces deux objets est relatif aux monumens en eux-mêmes ; l'autre à l'édifice destiné à les recevoir.

Quant au premier objet, nous croyons qu'il est très-essentiel de le régler ; & si quelque chose peut le faire sentir, c'est l'aspect fâcheux & désagréable de quelques édifices destinés comme celui-ci à servir d'hypogée & de cenotaphe. Nous en avons un exemple sous les yeux dans l'église de Saint-Denys, où les tombeaux arbitrairement composés & disposés, n'offrent qu'un labyrinthe de monumens qui s'offusquent & se détruisent l'un par l'autre. L'abbaye de Westminster à Londres a porté la confusion & le désordre en ce genre à un excès proportionné à la multitude de ses monumens. Si quelque chose est propre à détruire le sentiment profond qu'on éprouve dans cette galerie d'illustres morts, c'est sans doute la bigarrure de leurs portraits & les disparates de leurs compositions fantastiques.

Loin de nous l'idée de vouloir mettre au génie de l'artiste trop d'entraves, en assujettissant ses conceptions à un module uniforme & monotone d'invention ; mais l'intérêt de l'art, du monument & des convenances peut lui prescrire des bornes & circonscrire le cercle de ses compositions. S'il en est quelqu'une que les règles du goût, la bienséance du local doivent proscrire, c'est sans doute celle des mausolées modernes. Tous les symboles de mort qui attristent l'imagination, doivent s'éloigner d'un lieu consacré à l'immortalité. Ces compositions d'ailleurs ne sauroient s'approprier à l'architecture qu'elles contrarient, ni à l'espèce de symétrie que demande une ordonnance régulière. Qui fait en outre jusqu'à quel degré la reconnoiſſance rétroactive de la nation voudroit étendre ſes obligations envers les grands hommes qui auroient précédé l'époque de la révolution, & qui ne pourroient habiter ce ſanctuaire d'immortalité que ſous le ſimulacre du marbre qui les feroit revivre ? Qui ſait juſqu'à quel point la dépouille d'un grand homme devenue la propriété du lieu qui lui auroit donné le jour, ſe refuſeroit à une tranſlation douloureuſe, & combien de fois il faudroit ſéparer dans les monumens, l'effigie de l'homme de la poſſeſſion de ſa cendre ?

D'après ces conſidérations & beaucoup d'autres, parmi leſquelles on doit compter encore celle qui tendroit à éviter les points de reſſemblance entre notre édifice & les lieux ſaints, ou les cimetières, il nous ſemble que de toutes les formes à adopter dans le monument en queſtion, il faut choiſir celles qui s'approprient à toutes les circonſtances & à toutes les données. Ces formes ſont encore celles que l'art & le bon goût réclament de préférence, & qui ont en leur faveur la ſanction toujours impoſante de l'antiquité.

Ainſi, ſelon la dépenſe aſſignée, ſelon la qualité des ſervices ou le plaiſir même de la variété, ces monumens ſeroient ou des ſtatues repréſentatives de l'homme, ou des grouppes allégoriques, ou de ſimples buſtes placés ſur des piédeſtaux, ou des cippes ornés de bas-reliefs, ou des ſarcophages ſculptés & ſurmontés de l'effigie des perſonnages, ou des urnes placées ſur des colonnes, ou de ſimples tables portant des inſcriptions honorifiques ou épitaphes. On n'indique pas la latitude de liberté réſervée à l'art dans l'exécution de tous ces ouvrages ; mais on ſent que toute indéfinie qu'elle doive être, il n'eſt aucun d'eux qui ne puiſſe trouver dans notre édifice une place convenable, ſans en rompre l'harmonie & ſans en gâter l'ordonnance.

De tous ces produits de l'art, les uns ſeroient de leur nature ſuſceptibles de s'adoſſer aux murs de l'édifice ; les autres iſolés entre les colonnes, formeroient la plus noble & la plus impofante de toutes les décorations. Il n'eſt aucune alliance plus favorable que celle des ſtatues & des colonnes ; la ſeule choſe à déterminer ſeroit le rapport de leurs proportions.

En réglant ainſi la meſure & la qualité des monumens, on ſatisfait en même temps à l'intérêt dû à l'architecture. Si les égliſes gothiques de Saint-Denys & de Weſtminſter n'ont qu'à s'applaudir de la diverſion que l'étalage de tous leurs mauſolées fait à leur architecture, nous ne penſons pas qu'on puiſſe témoigner la même indifférence dans un édifice conſtruit avec les ordres de la Grèce, & qui réclame en ſa faveur tous les ménagemens d'un goût éclairé. Cependant les diſpoſitions d'ordre & de goût que nous venons d'indiquer, loin de rétrécir le champ que doivent occuper les ouvrages de l'art, lui donne une bien plus grande étendue. Nous avons trouvé que ſans offenſer en rien la ſymétrie de l'ordonnance générale, ſans rien ôter aux dégagemens & à la libre circulation de l'intérieur, ſans bleſſer aucun membre d'architecture, on pourroit compter quatre-vingts monumens adoſſés, & un égal nombre de monumens iſolés. Pour peu qu'on voulût tirer parti de toutes les places, doubler les monumens entre toutes les colonnes engagées dans le mur, & mettre à profit beaucoup d'autres eſpaces que le plan ſeul peut indiquer, il n'eſt pas douteux qu'on puiſſe porter à trois cents le nombre des ſignes d'honneur que la patrie décernera à ſes bienfaiteurs.

La partie ſouterraine de l'édifice n'a beſoin d'aucun changement, pour devenir le lieu de repos des grands hommes dont on ſera à même de recueillir les cendres. Les monumens ſitués dans la partie ſupérieure indiqueroient, par l'inſcription HIC JACET, ceux dont les corps y ſeroient inhumés. On laiſſe du reſte à l'opinion le ſoin de claſſer & de diſtribuer au gré des convenances, toutes les parties de ce ſouterrain.

Il eſt une dernière diſpoſition que nous devons vous propoſer,

&

& en l'adoptant, vous accomplirez le vœu de toutes les ames sensibles. L'art de caractériser les monumens tient à des moyens que l'on s'est trop habitué à croire indifférens, parce que rarement les affections du peuple se sont mêlées aux conceptions des artistes; mais le premier ouvrage de la sensibilité nationale doit accueillir tout ce qui concourt à fortifier ce besoin. Rien ne nous paroîtroit donc plus propre à renforcer toutes les impressions qui doivent résulter de la nature du monument, que d'environner son extérieur d'une enceinte plantée d'arbres dont l'ombre silencieuse ajouteroit au sentiment religieux du local. Nous n'avons pas besoin sans doute de solliciter votre imagination par la peinture anticipée de toutes les images dont cette réunion des beautés de la nature & de l'art formeroit le tableau. Nous ne vous peindrons point les divers aspects de votre monument qui s'élève avec plus de grandeur & de noblesse au milieu du bois sacré qui l'entoure & le sépare du tumulte de la ville, ni les promenades philosophiques qu'offriroit aux hommes sensibles cet élisée national. Nous devons vous dire seulement que l'immensité du terrain qui environne l'édifice, sollicite de votre économie même une telle disposition, & que le jardin contigu de l'ancienne abbaye semble encore devoir concourir à l'augmentation & à l'embellissement du projet que nous vous présentons.

Des usages habituels auxquels cet édifice pourroit servir.

Avant de passer au détail de toutes les mesures actives propres à réaliser ce projet, & à établir dans la confection de notre édifice un ordre de travail qui accélère la jouissance du public, il est encore une mesure de convenance morale que nous avons cru devoir vous présenter, quoiqu'elle soit moins du ressort de notre travail.

Après avoir mis, par l'activité de tous les moyens qui sont en votre pouvoir, l'édifice confié à vos soins en état de répondre à la destination que lui a assignée l'Assemblée Nationale; il nous semble qu'il resteroit encore quelque chose à faire, & que vous ſeuls pouvez le faire : ce ſeroit d'attacher à cette deſtination, en quelque ſorte paſſive du monument, un emploi plus actif, un cours d'uſages habituels, de cérémonies civiques dans leſquelles les ſentimens des vivans ſe renforceroient des exemples des morts, & qui établiroit entre les leçons des uns, & l'émulation des autres, ce concert d'inſtitutions & de pratiques qui, par l'entremiſe des ſens, élève l'âme à l'imitation de tout ce qui eſt beau. Nous ne vous parlerons point des fêtes civiques où l'art du chant & la pompe des cérémonies conſacreroient des hommages périodiques à la mémoire des grands hommes. Peut-être laiſſerez-vous à l'inſtinct ſpontané du ſentiment le ſoin de fonder des uſages que la loi commande toujours mal, parce qu'ils ne veulent point être commandés, & dont l'enthouſiaſme eſt ſouvent le meilleur ordonnateur.

Mais en attendant que l'habitude ait réglé & ſanctionné par des formes & des rites ſolennels, l'ouvrage du ſentiment, ne ſemble-t-il pas que ce grand édifice reprocheroit à l'adminiſtration le vide de ſa deſtination habituelle, ſi ſon enceinte, long-temps ſolitaire, ne s'ouvroit qu'à la curioſité des admirateurs de l'art qui l'auroit formé ? Ne ſeroit-il pas poſſible que l'aſyle des hommes qui ont bien ſervi la patrie, devînt le chef-lieu de l'auguſte cérémonie qui impoſe à tous les citoyens l'obligation de la ſervir ? Pourquoi n'élèveroit-on pas au centre de la coupole, un autel à la Patrie, où ſe prêteroit ſolennellement le ſerment de tous ceux qu'une fonction quelconque oblige à cet engagement ?

Pourquoi cet oratoire des grands hommes ne ſeroit-il pas excluſivement conſacré aux harangues funèbres des citoyens que leurs vertus rendroient digne de cet honneur ?

Pourquoi n'en feroit-on pas choix pour décerner les récompenſes de tous genres, les prix de vertu, de patriotiſme, de dévouement au bien public ?

Pourquoi n'affecteroit-on pas ſpécialement cette galerie d'honneur & de vertu à ces diſtributions annuelles des prix fondés pour l'encouragement des études & de la jeuneſſe ? Et quel lieu plus propre à exciter les jeunes gens à l'amour de la Patrie & des belles choſes, que celui où, aſſociés en quelque ſorte d'avance, aux grands hommes qui les environneroient, ils prendroient ſous leurs yeux, l'engagement de les imiter, & apprendroient à connoître déjà la Patrie par ſes bienfaits.

Nous ne faiſons, Meſſieurs, que propoſer à la ſagacité de de votre patriotiſme ces eſſais d'inſtitutions civiques; que vous ſeuls pouvez dignement ordonner & coordonner à l'édifice qui attend de vous ſa perfection phyſique & morale. Nous n'inſiſtons ſur la néceſſité de ces fondations civiques, que parce que nous ſavons combien il importe d'éviter à la critique le rapprochement de la dépenſe énorme d'un monument, avec l'eſpèce de nullité d'emploi habituel auquel il ſe trouveroit long-temps condamné, & parce que nous ſavons encore combien de nobles inſtitutions réfléchiſſent en quelque ſorte d'éclat ſur les édifices, en ajoutant à l'opinion de leur beauté, celle des uſages auxquels ils ſervent.

Ainſi, c'eſt l'intérêt du monument, & c'eſt encore celui de votre adminiſtration que nous prenons en cet inſtant.

CHAPITRE II.

Moyens d'exécution.

Il reſte maintenant à vous propoſer les meſures actives propres à réaliſer l'exécution de ce que nous n'avons fait que vous décrire.

Il y a, Messieurs, dans la manière d'exécuter les monumens publics deux partis à prendre également ſuſceptibles d'inconvéniens.

L'un conſiſte à terminer, avant tout, la conſtruction de l'édifice & à remettre l'exécution de ſa décoration comme un acceſſoire indépendant après la terminaiſon du néceſſaire.

L'autre, à faire marcher de pair ces deux genres de travaux & à donner même souvent la priorité à la décoration dans l'ordre des dépenses & des ouvrages.

L'inconvénient du premier parti est sensible dans un grand nombre de nos monumens sacrés, restés imparfaits quant à la partie de la décoration. Dès l'instant que l'objet essentiel de leur destination a pu être rempli, le peuple devenu insensible, & familiarisé par l'habitude à leur imperfection, a cessé de s'intéresser à leur achèvement, les fonds qui leur étoient destinés ont pris de nouvelles routes, & le monument incomplet accusant en vain l'infidélité ou l'inconstance de ses auteurs, dépose contre le caractère & le goût du peuple.

L'architecte de l'édifice (dit de Sainte - Geneviève), prit toute les mesures propres à éviter cet inconvénient, l'extérieur étoit fini dans les moindres détails d'ornemens que la construction intérieure, celle même de la coupole n'étoit ni achevée, ni même commencée. Cette manière de faire jouir graduellement le public de chaque partie complette, a aussi l'inconvénient de reculer beaucoup trop sa jouissance définitive, les générations se succèdent en se léguant les unes aux autres l'espoir incertain de voir la fin d'un monument.

Nous touchons au moment de recueillir l'héritage de nos prédécesseurs, & il n'y a pas de doute qu'avec des fonds suffisans, en moins de deux années notre monument pourroit recevoir le complément de son exécution.

Mais sa nouvelle destination augmentera d'autant plus l'impatience du public. Il faut enfin que cette belle institution se réalise aux yeux du peuple, & tout retard est dangereux en fait de projets dictés par l'enthousiasme. Il n'est souvent qu'un moment pour le génie, il faut le saisir, il faut prévenir le retour du calcul & de la froide réflexion.

Nous voudrions donc que dans le cours d'une année le

monument des grands hommes pût recevoir ſa dédicace ſolennelle, pût remplir déjà l'objet de ſa nouvelle deſtination.

A cet effet, nous avons diviſé en trois parties bien diſtinctes l'ordre des travaux dont le cours pourroit ſe régler ſelon leur plus ou moins indiſpenſable néceſſité, & ſe graduer ſur le beſoin de jouir promptement de l'édifice.

Le premier cours eſt celui des travaux néceſſaires, quelle qu'eût pu être la deſtination de l'édifice. Il ſe diviſe en deux parties; celle de conſtruction & celle d'ornement. La partie de conſtruction comprendroit les ragrémens du perron, le pavement du périſtyle, la confection des portes & des vitreaux, le pavement de l'intérieur de l'édifice, les rampes d'eſcaliers; le pavement, le ragrément & la clôture de la partie ſouterraine, ainſi que le nivellement & le pavement du terrain extérieur. La partie d'ornement comprendra le fuſellement des colonnes intérieures, le ragrément des voûtes, la taille de tous les ornemens dans tous les profils & moulures des parties eſſentielles de l'architecture, ainſi que des autres détails dont la ſymétrie exige la répétition dans les parties imparfaites du monument, le fuſellement des colonnes du dôme, la ſculpture des chapiteaux & celle des plafonds des plate-bandes.

Le ſecond cours eſt celui des travaux néceſſités impérieuſement par le changement de deſtination qu'a éprouvé l'édifice. Il ſe diviſeroit auſſi en objets relatifs à la décoration & travaux de conſtruction. La première partie comprendroit le remplacement indiſpenſable de tous les bas reliefs extérieurs, dont tous les ſujets, comme on l'a vu, ſeroient à l'avenir des hors-d'œuvres ridicules & des contre-ſens inſoutenables; le remplacement de la lanterne & de ſa croix par une allégorie caractériſtique au nouvel emploi; la ſuppreſſion des détails extérieurs, incompatibles avec ſon uſage interne. Les travaux pratiques de conſtruction conſiſteroient dans les échafaudages qu'exigeroient ces changemens dans le ravalement des pierres, dans le rapport à faire de celles qu'il faudroit restituer au ciseau de la sculpture.

Nous plaçons au troisième ordre de travaux ceux de la sculpture en figures, & qui comprendroient le développement d'un nouveau motif d'allégorie dans l'intérieur des voûtes, ainsi que dans la décoration peinte de la coupole. Plus d'un motif nous engage à placer de la sorte ce cours de travaux.

1.° Parce que dans toute espèce d'hypothèse ces travaux pourroient retarder le prompt emploi du monument & la jouissance du public.

2.° Parce que l'édifice terminé & dégagé de son échafaudage, rien n'empêchera que l'on ne puisse faire des échafauds volans pour l'exécution de ces parties.

3.° Parce qu'aux yeux des gens de goût, l'harmonie de décoration dans les voûtes en question devant s'opérer plutôt par suppression que par addition, l'opinion publique prononceroit bien plus sûrement par la comparaison des voûtes ornées de figures, avec celles qui n'en auroient point, la mesure & le mode de décoration convenable.

Au reste, cet ordre de travaux, nous ne vous le présentons que comme un système à suivre dans le cas où les fonds ne suffiroient pas pour faire marcher de front & ensemble toutes les parties de l'édifice. Il est clair que le nécessaire doit aller avant l'utile, & l'utile avant l'agréable. Telle est la méthode sur laquelle nous avons réglé l'ordre à suivre dans les travaux, en proportion des fonds.

Organisation & régime du bâtiment.

La bonne organisation dans toutes les parties relatives à notre monument se divise en deux parties, dont la correspondance est naturelle, mais que nous divisons pour mettre plus de clarté dans nos idées. De ces deux parties, l'une est l'administration active, ou celle qui établira une graduation de pouvoir & de surveillance dans l'exécution matérielle de tous les ouvrages &

de tous les plans arrêtés ; l'autre, l'adminiſtration relative à l'emploi des deniers, à la comptabilité des divers agens, & un contrôle qui doit exiſter dans les dépenſes & la forme des payemens.

La première de toutes les conditions, pour parvenir à mettre de l'harmonie dans la première eſpèce d'adminiſtration que l'on appelle exécutive, eſt d'établir un point de centre auquel viendroient aboutir, par une échelle fort ſimplifiée d'agens ſubalternes, toutes les opérations, toutes les dépenſes, tous les états de travaux, toute l'action de la ſurveillance, de telle ſorte qu'en grand comme en petit, rien ne puiſſe ſe faire & s'exécuter que d'après les projets arrêtés & l'approbation donnée par celui qu'on auroit placé au centre de l'exécution, & qui répondroit à l'adminiſtration ſupérieure. Sans cette meſure, le Directoire, toujours diſtrait par de plus grandes affaires, le plus ſouvent inhabile à apprécier cette foule d'abus qui attaquent l'enſemble des opérations, ſeroit toujours dans l'alternative d'une inaction funeſte, ou d'une action haſardée.

Ce premier rouage en feroit mouvoir deux autres, c'eſt-à-dire deux agens ſecondaires, chargés directement de l'inſpection & de la conduite des détails de l'édifice.

Les différens ouvrages qui reſtent à faire pour le terminer, leur importance, la perfection & la célérité qu'on veut mettre à leur exécution, exigent néceſſairement le concours d'un grand nombre d'ouvriers & d'artiſtes. Cette diviſion toute ſimple indique la nature & la diverſité de ces deux inſpecteurs. L'un ſeroit à la tête des ouvriers, l'autre ſeroit le chef des artiſtes.

Le premier auroit dans ſon reſſort l'inſpection ſur tous les entrepreneurs de maçonnerie, de charpente, de ſerrurerie, de menuiſerie, ſur la bonne qualité des matériaux & leur emploi ; il ſeroit chargé de la partie ſi eſſentielle de l'échafaudage, du nivellement des terrains, du pavement de l'édifice, & généralement de tous les détails qui ſéparent ordinairement la partie pratique de l'art d'avec celle du goût. Ce chef ou inſpecteur auroit un ſous-inſpecteur chargé de la ſurveillance plus minutieuſe de tous les détails, qui dans un ſi grand enſemble échappent toujours à la vigilance d'un ſeul homme.

Le ſecond auroit dans ſon département la partie des deſſins à faire pour tous les ornemens à changer ou à remplacer, d'après les plans arrêtés, la ſurveillance générale de la décoration & de l'ornement. Il ſeroit également néceſſaire de placer ſous lui un ſurveillant plus immédiat de l'exécution de l'ornement; il devroit ſe prendre parmi les ſculpteurs de ce genre, & parmi les plus habiles. De cette inſpection journalière & indépendante de ceux ſur qui elle doit s'exercer, réſultera la ſeule garantie qu'on puiſſe raiſonnablement attendre de la perfection des ouvrages.

Il ſeroit néceſſaire en outre de placer un autre agent ſous le titre de vérificateur, qui ſeroit chargé de tenir, conjointement avec les deux inſpecteurs, un état des ouvrages & des dépenſes à faire chaque mois, afin qu'en tout tems l'adminiſtration puiſſe connoître les dépenſes & les ouvrages faits & à faire.

La ſeconde fonction du vérificateur fait partie de l'adminiſtration du régime de l'édifice dans ſon rapport avec la comptabilité & l'emploi des deniers. Il devroit tenir un regiſtre exact de tout ce qui ſe ſeroit fait & fourni chaque jour par les artiſtes & les entrepreneurs; il en feroit un relevé par mois, qui devroit être certifié par les deux inſpecteurs. Ces états ainſi certifiés & ſignés de lui, ſeroient remis au chef ſupérieur, qui les préſenteroit au bureau de l'adminiſtration chargé de cette partie.

Les dépenſes des entrepreneurs étant connues & conſtatées par l'arrangement qu'on vient de propoſer, on leur alloueroit un bénéfice de dix à douze pour cent : ainſi il n'y auroit point beſoin de règlement. On éviteroit par-là l'opération infiniment laborieuſe

de

de débrouiller dans des mémoires souvent, déguisés par une foule d'usages & de subtilités, la véritable valeur des ouvrages.

D'après les états signés, comme on l'a dit plus haut, on délivreroit à chaque entrepreneur une ordonnance du montant pour lequel il seroit porté sur l'état; une ordonnance pour les sculpteurs, au nom de leur chef, & une autre pour les ouvriers au nom du leur. L'un & l'autre de ces chefs seroient chargés de payer ceux qui travailleroient sous eux. Il seroit retenu aux entrepreneurs, ainsi qu'à ces chefs ou inspecteurs, un mois en arrière pour leur responsabilité.

Quant au moteur premier de toute industrie, d'où dépend la prompte & bonne exécution de notre monument, il n'appartient qu'à vous, Messieurs, de lui redonner toute son activité. Le Directoire chargé de faire terminer l'édifice, doit se procurer les moyens d'y parvenir. Le plus efficace sans doute, est d'obtenir le prompt payement des sommes que la nation doit acquitter pour accomplir le vœu de la reconnoissance.

Vous avez vu que l'édifice fut doté d'une somme de 365 mille livres pour sa construction. En 1780, un calcul des dépenses qui restoient à faire, des intérêts à payer de ce qui étoit dû aux entrepreneurs, fit voir que pour subvenir à tous ces frais, la somme annuelle se réduisoit à 210,000 livres; d'où il résultoit alors qu'il auroit fallu quarante-quatre ans pour parvenir à l'achèvement de l'édifice.

Le lointain de cette perspective fit chercher les moyens d'en rapprocher le point de vue. Le projet d'emprunt fut approuvé par le Roi en 1783, & autorisé par Lettres-patentes enregistrées en 1784. Depuis cette époque jusqu'à 1790, il fut employé une somme annuelle plus ou moins forte; mais qui, déduction faite de tous les intérêts & de l'extinction de la dette des entrepreneurs, devoit être de 559,123 liv.

Différentes causes ont diminué sensiblement l'emprunt, & enfin il a cessé d'avoir lieu en 1790.

Reste donc à l'édifice la somme de dotation, qui est de 365 mille livres; mais grevée de 60 mille livres d'intérêt, dûs aux vendeurs de terrains & de maisons, & de 95 mille livres pour intérêt de l'emprunt, ce qui réduit la somme disponible à celle de 210 mille liv.

Il est dû, en outre, aux entrepreneurs une somme de 120 mille livres, dont l'extinction graduelle, si elle étoit prise sur ce restant de fonds, absorberoit pour plusieurs années la somme applicable à l'édifice, & reculeroit à une époque indéfinissable sa terminaison.

Nous croyons donc que le directoire devroit faire trois opérations :

La première, consisteroit à faire régler & arrêter les mémoires arriérés de tous les entrepreneurs, à dater de l'époque où commencera le nouvel ordre de choses, & à les renvoyer au comité de liquidation pour être payés.

La seconde, consisteroit à transporter à la masse générale des créanciers de la nation les sommes dues, tant pour intérêt des maisons & terrains vendus, que pour l'intérêt de ceux qui ont mis des fonds dans l'emprunt. Par ce moyen, la somme de 365 mille liv. resteroit quitte & nette de toutes charges.

La troisième opération, d'après le calcul des dépenses qui restent à faire, & dont le détail terminera ce rapport, consisteroit à prier l'Assemblée Nationale de fixer les fonds affectés aux travaux de Sainte-Géneviève par le Décret du 16 juin 1791, à la somme de 500 mille livres par an, pour hâter l'ouvrage & accélérer la jouissance du public. Le trésor national, d'après l'état arrêté des dépenses futures, pourroit, en une année, avancer la somme de deux, ou bien l'on pourroit déléguer le montant de la ſomme annuelle pendant un nombre d'années proportionné à la ſomme totale, à une compagnie qui ſe chargeroit de faire les avances.

Les meſures que nous venons de vous propoſer, doivent être l'effet d'un plan arrêté & de la connoiſſance bien poſitive des dépenſes futures. C'eſt à ce deſſein que nous allons mettre ſous vos yeux l'état des ouvrages & des dépenſes à faire ſelon l'ordre de travail que nous vous avons indiqué, & qui conſiſte dans la graduation naturelle de ce qui eſt néceſſaire pour finir l'édifice, quelle que ſoit ſa deſtination, de ce qui eſt indiſpenſable à changer pour la deſtination nouvelle. Cet expoſé ſera ſuivi d'un tableau comparatif des dépenſes qu'entraînoit l'ancienne deſtination, avec celles qu'exigera la nouvelle; & vous verrez, Meſſieurs, que le changement de deſtination produira près d'un million d'économie.

ÉTAT des dépenſes & ouvrages indiſpenſables pour finir l'Édifice, quel que ſoit ſon uſage.

Au périſtyle.

LES quatre maſſifs du perron & les ragrémens.......	10000ᵗᵗ.
Le pavé en granit des Vôges de Lorraine, qui eſt commandé depuis 1788, contenant 106 toiſes ½, à 550ᵗᵗ la toiſe..................................	58575.
Les portes en menuiſerie avec leurs ferrures & ornemens.	15000.
TOTAL des dépenſes à faire au portail.....	83575.

Nef d'entrée.

Les marches en pierre de liais, & le pavé en marbre...	95220.

Nef ſeptentrionale.

Dans la nef ſeptentrionale, il reſte à fuſeler quatre colonnes en pierre dure.	2000.ᵗᵗ
Quatorze colonnes iſolées, & vingt-deux engagées avec les raccordemens & échafauds.	22000.
Les ſix portes en menuiſerie & leur ferrure.	10800.
Le vitrage des croiſées & vitraux.	6672.
Les cadres dorés & roſaces en or moulu.	72000.
Les deux perrons ſur la rue Saint-Étienne.	8000.
192 toiſes de pavé en marbre.	69120.
TOTAL pour la nef ſeptentrionale.	190592.

Nef méridionale.

Douze colonnes à fuſeler, compris échafauds.	12000.
Quatre colonnes iſolées & vingt-deux engagées à canneler, & les raccordemens.	22000.
Ragrémens des voûtes & de toutes les parties environnantes, font un objet de.	25000.
Les ſculptures d'ornement.	32000.
Les vitraux en fer.	28533.
Les rampes d'eſcalier.	3400.
Le vitrage des croiſées & vitraux.	6672.
Les cadres dorés & roſaces en or moulu.	72000.
Les portes en menuiſerie & leur ferrure.	10800.
Le pavé en marbre.	69120.
Les deux perrons du côté de l'eſtrapade.	8000.
TOTAL de la nef méridionale.	289525.

Nef du fond.

Deux colonnes à fuſeler.	2000.
Douze colonnes & vingt-ſix, tant demi-colonnes que pilaſtres à canneler.	22000.
	24000.

Ci contre............	24000.#
Le ragrément des voûtes & de toutes les parties environnantes....................................	35000.
Sculpture d'ornement..........................	42000.
Vitraux en fer..................................	20416.
Vitrage & cadres dorés en or moulu avec les rosaces....	82400.
Portes en menuiserie & ferrure..................	7200.
Pavé en marbre..................................	72000.
Voûtes & ravalement des pièces au bas des tours.....	8680.
TOTAL de la nef du fond......	291696.

Dôme.

4495 toises superficielles de tailles sur le tas pour les ragrémens dont 2816 en pierre dure, & le surplus en pierre tendre, font avec les échaufds nécessaires, un objet de..................................	87732.
48 chapiteaux à sculpter, 192 rosaces & 6713 pieds d'ornement, tant en pierre dure qu'en pierre tendre...	50242.
Pavé 112 toises à 360#..........................	40320.
Les vitraux en fer de la tour du dôme, & ceux de l'attique.	37268.
La vitrerie......................................	7240.
TOTAL du dôme......	222802.

Église Basse.

Ragrément...	22800.
Pavé en dalles de liais...........................	11250.
Neuf vitraux......................................	5130.
Portes..	450.
TOTAL de l'Église basse..............	39630.

Ouvrages extérieurs.

5183 toises de pavé pour les rues & la place adjacentes, à 30 livres..................................	155490.

Récapitulation des dépenses indispensables pour finir l'édifice, quelle que soit sa destination.

1.° Pour le portail	83575.
2.° Pour la nef d'entrée	95220.
3.° Pour la nef septentrionale	190592.
4.° Pour la nef méridionale	289525.
5.° Pour la nef du fond	291696.
6.° Pour le dôme	222802.
7.° Pour l'Église basse	39630.
8.° Pour ouvrages extérieurs	155490.
Total	1368530.

État des dépenses à faire pour terminer l'édifice selon son ancienne destination.

1.° Pour le pavé intérieur, en granit au lieu d'être en marbre	181070.
2.° Pour huit chapelles	82600.
3.° Pour le maître-autel & le chœur	268000.
4.° Pour la chasse	130000.
5.° Pour la peinture de l'apothéose de la Sainte	40000.
6.° Pour les bas-reliefs des deux voûtes à terminer	117000.
7.° Pour les orgues	36000.
8.° Les sacristies & dépendances	336000.
9.° Pour le piedouche, la boule & la croix dorés	30000.
10.° Pour le béfroi, transport & refonte des cloches dans les tours	64000.
Total	1,284,670.
Dépenses indispensables ci-dessus	1,368,530.
Total général	2,653,200.

ÉTAT des dépenses à faire pour opérer dans l'édifice les changemens que nécessitera la destination nouvelle.

AU PORTAIL.

Le ravalement de la sculpture qui est dans le tympan du fronton, la fourniture, taille & pose des masses à rapporter pour le nouveau bas-relief, & les échafauds à faire à ce sujet	3200.
Le ravalement de la frise, fourniture & pose des dalles en pierre dure pour recevoir les lettres de l'inscription	2450.
Trente-sept lettres de cuivre doré, de 18 pouces de hauteur.	11470.
Le ravalement de cinq bas-reliefs & guirlandes	640.
Les nouveaux bas-reliefs à faire, compris le fronton	35000.
La clôture des deux portes collatérales & les tables à graver, équivalent aux portes de menuiserie, pour dépenses	0000.
TOTAL	52760.

Nef d'entrée.

Le ravalement des figures des voûtes, la fourniture des pierres à restituer dans les lunettes & pendentifs, les échafaudages	15000.
La sculpture des figures	62000.
TOTAL	77000.

Nef septentrionale.

Les grands échafauds de cette nef subsistant encore, on porte les changemens & ravalement à	10000.
La sculpture des figures	45000.
TOTAL	55000.

Nef méridionale,

La sculpture des figures	45000.

Nef du fond.

La ſculpture des figures. . . . . 72000.

Dôme.

Statue à mettre ſur le piédeſtal de la lanterne à la place de la boule & de la croix, & ſuppreſſion de la lanterne. . 34000.

Au milieu du dôme, l'autel de la patrie en granit élevé de trois marches. . . . . 20000.

La peinture dans la ſeconde voûte du dôme. . . . . 40000.

TOTAL. . . . . 94000.

RÉCAPITULATION des dépenſes à faire pour opérer dans l'édifice les changemens que néceſſitera la deſtination nouvelle.

1.° Au portail. . . . . 52760.
2.° Nef d'entrée. . . . . 77000.
3.° Nef ſeptentrionale. . . . . 55000.
4.° Nef méridionale. . . . . 45000.
5.° Nef du fond. . . . . 72000.
6.° Dôme. . . . . 94000.

TOTAL. 395760.

A quoi ajoutant la ſomme des dépenſes indiſpenſables. . . . 1368530.

TOTAL GÉNÉRAL. . . . . 1764,290.

RÉSULTAT COMPARATIF des dépenſes à faire pour terminer l'édifice ſelon ſa deſtination nouvelle, avec celles à faire pour le finir ſelon ſa première deſtination.

SAVOIR;

La ſomme totale pour finir l'édifice ſelon ſa première deſtination, eſt de. . . . . 2,653,200.

Et pour la deſtination nouvelle. . . . . 1,764,290.

Partant il reſte une économie de. . . . . 888910.

PROJET

PROJET D'ARRÊTÉ.

Le directoire du département, considérant qu'en vertu du Décret de l'Assemblée Nationale, il doit prendre les mesures les plus actives pour accomplir, par l'achèvement de l'édifice consacré aux grands hommes, le vœu solemnel d'une nation impatiente d'acquitter envers ses bienfaiteurs la dette la plus sacrée de sa reconnoissance.

Après s'être fait rendre compte par les Commissaires de l'instruction publique, de l'état actuel du monument (dit la nouvelle Sainte Geneviève) de ses travaux, des fonds sur lesquels ils sont payés, des changemens & modifications commandés par sa nouvelle destination, des dépenses faites, de celles qui resteroient à faire, des mesures administratives propres à établir dans la direction des ouvrages, la subordination, sans laquelle il n'existe point d'harmonie, la surveillance qui garantit la bonne exécution, & l'ordre, principe de toute économie :

Ouï le Procureur-général-syndic, arrête ce qui suit.

1.° L'édifice, dit *la nouvelle Sainte Geneviève*, sera exclusivement consacré aux usages civiques décrétés par l'Assemblée Nationale, sans aucun mélange de culte ni de cérémonies religieuses.

2.° Il sera pourvu incessamment au choix d'un édifice sacré propre à recevoir la chasse de Sainte-Geneviève & la dévotion dont elle est l'objet.

3.° L'édifice, ci-devant de Sainte-Geneviève, sera appelé le MONUMENT DES GRANDS HOMMES, & cette inscription sera placée au-dessus de la porte d'entrée.

4.° Il sera procédé, le plus promptement possible, aux dessins & plans de tous les changemens tant de construction que de décoration propres à caractériser la nouvelle destination de l'édifice & à remplir son principal objet, ainsi qu'à l'état spéculatif le plus exact de toutes les dépenses nécessaires à son achèvement.

5.° Le monument en queſtion étant, par la nature de ſon emploi, un monument national dont la dépenſe doit être à la charge du tréſor public, l'Aſſemblée Nationale ſera priée d'autoriſer le directoire à nommer des vérificateurs qui régleront les mémoires de tous les entrepreneurs auxquels il eſt dû, arrêteront toute la dette arriérée, pour être, leſdits mémoires ainſi réglés & vérifiés, renvoyés au comité de liquidation.

6.° L'Aſſemblée Nationale ſera priée de faire acquiter toutes les créances, tant celles qui proviennent de la vente des maiſons & des terrains vendus pour former l'emplacement de l'édifice, que celles qui ſont fondées ſur l'emprunt de 1784, comme celles de la nation & de la même manière.

7.° D'après l'état ſpéculatif des dépenſes qui reſtent à faire, l'Aſſemblée Nationale ſera priée d'affecter une ſomme de 500,000 livres par chaque année, laquelle ſera payée par mois en payemens égaux ſelon les formes convenues entre le directoire du département & le tréſor national.

8.° Il ſera nommé par le directoire, pour la conduite des plans arrêtés, pour la ſurveillance des travaux & la geſtion générale du monument, un chef principal ou directeur, un inſpecteur & un ſous-inſpecteur des travaux de conſtruction, un inſpecteur & un ſous-inſpecteur des ouvrages de décoration & d'ornement, & un vérificateur, tous ſubordonnés dans leurs fonctions reſpectives à l'adminiſtration du directoire.

Signés QUATREMERE QUINCY-GALLOIS, DUPUIS, LA CRETELLE, *Commiſſaires pour l'inſtruction publique.*